„Denn d'Zfriedeheit isch unser vürnehmst Guet:
Wenn ein im andere 's Lebe gunne tuet!"

(Spruch auf dem Gedenkstein neben der Kirche in Alt-Weil)

Helene Zapf-Beydeck

Feldblueme

Alemannische und hochdeutsche Gedichte
sowie Kurzgeschichten in alemannischer Mundart

Ausgewählt von Eugen Katzenstein
und Dr. Emil Müller – Ettikon

Blumenbild und Vignetten von Helene Zapf-Beydeck

1985
gedruckt bei resin büro mit system, Binzen
gebunden durch Walter-Verlag, Heitersheim
Printed in Germany
ISBN 3- 923066-12-0

Vorwort

Es war ein Herzenswunsch von Helene Zapf-Beydeck, ihre Gedichte aus über drei Jahrzehnten in einem Bändchen herauszubringen, dem sie den Titel „Feldblumen" zugedacht hatte. An die hundert Gedichte hatte sie hierfür zusammengestellt. Und in einer anderen Mappe, „Ahnentruhe" genannt, hatte sie eine Reihe von Anekdoten und Erzählungen gesammelt. Im „Birechrättli" schließlich fanden sich kurze Merksprüche für die unterschiedlichsten Lebenslagen. Es war ihr, die 1977 gestorben ist, nicht vergönnt, ihre Hörer – vom Rundfunk und von den verschiedenen Vereinsveranstaltungen oder ihren eigenen „Feierabenden" her – zu ihren Lesern zu machen. Ihr Büchlein „Reblaub" von 1936, das der oder jener noch besitzen mag, war ja längst vergriffen.

Es ist daher sicher auch ein Wunsch vieler Menschen im Dreiländereck, besonders in Weil, Haltingen und Eimeldingen, aber auch darüber hinaus, das oder jenes ihrer Gedichte und ihrer kurzen Erzählungen nachlesen zu können, wenn es schon nicht mehr möglich ist, sie von ihr selbst vorgetragen zu hören. Und dabei geht es vor allem um ihre Sachen in alemannischer Mundart, die sie – als Schülerin Johann Peter Hebels – besonders gepflegt hat – bis hin zu eigenen sprachlichen Neuschöpfungen.

Das Büchlein, das hier nun von Freunden der Dichterin vorgelegt wird, bringt weder einen Lebensabriß von ihr noch eine Würdigung ihres Wirkens als Dichterin, Musikantin und Puppenspielerin. Dies soll an anderer Stelle nachgeholt werden. Auch enthält es nur eine Auswahl ihrer Gedichte – der hochdeutschen wie der alemannischen – und ihrer Erzählungen. Aber vielleicht ist es gelungen, die markantesten davon – sowohl im ernsten wie im heiteren Feld – herauszufinden!? Ganz leicht war dies nicht, weil ihr Nachlaß nicht so schön geordnet war, wie sich das oben liest.

Da der Schwerpunkt der Zusammenstellung auf den Texten in alemannischer Mundart liegt, hat man für den Titel die alemannische Form gewählt: „Feldblueme". Und jeder, der sie gekannt hat, wird bestätigen, daß dieser Titel nicht nur deshalb zu ihr paßt, weil sie Blumen, insbesondere Feldblumen, sehr geliebt hat – wie übrigens auch Kinder und Tiere – sondern, weil er etwas über sie als Person aussagt, gleichsam ein Bild ist ihrer Persönlichkeit.

Mögen nicht nur alte Bekannte Freude an diesem Büchlein finden, sondern mag es ihr auch neue Freunde bringen!

Weil, im Spätjahr 1984					*Dr. Rüdiger Hoffmann*

Erinnerungen
von und an Helene Zapf-Beydeck

Vom Kasper-Theater

Man schrieb das Jahr 1919. Da stand ich als Quartanerin der Realschule Lörrach mit einer grünen Mütze auf dem rechten krummen Ohr vor meinen Eltern und meiner übermäßig strengen Erzieherin Tante Babette und behauptete, das einförmige bürgerliche Alltags-Leben nimmer länger ertragen zu können; es sei denn, ich dürfe schauspielen. Dabei war mein Verlangen keineswegs ungewöhnlich; war ich doch von der väterlichen wie auch von der mütterlichen Sippe mit allerlei Kunstsinn erheblich stark belastet. Trotzdem hatte ich aber keine großen „Rosinen" im Kopf und wollte weder eine berühmte Tragödin noch eine Primaballerina oder gar eine weltreisende Musik-Virtuosin werden – mein Streben stand ganz allein nach dem Besitze eines eigenen *Kasper-Theaters,* in welchem ich mich schauspielerisch und musikalisch austoben wollte. Aber mein Antrag fand bei niemandem Gehör.

Mein fränkischer Vater, der vom schönen Dilsberg über dem Neckartal stammte, war privat ein humorvoller Karikaturen-Zeichner, Brandmaler, Holzschnitzer und Bastler und zeigte sich deshalb meinem Wunsche nicht gerade abgeneigt. Trotzdem aber strich er sich überlegend seinen großen, rotbraunen Förster-Schnauzbart und meinte: „Madel, Madel! Des losch mr fein bleiwe, des isch enfach noch viel zu frieh! Mach erscht emol dei Einjährigs, dernodering wolle mr emol gucke. Meinetweche tu i dir dann selwer noch e paar scheene Holzköpp for dei Kaschper-Haisl schnefle. Awer alleweil isch no nix do dermit, verstanne? Na-na!"

Mein liebes Markgräfler Mütterlein aus Hügelheim schlug die Hände über dem Kopf zusammen und fing an zu jammern: „He-aber-au – nei! Maidli! Was fällt der au numme fir e Chabis i? Du chasch doch jetz nit chäschperle, wo de an der Ostere in e hecheri Klasse chunnsch und no Englisch und Buechstabe-Rechne lehre muesch; Klavier sottsch au regelmeßig iebe, nebebi muesch mr doch au im Hushalt helfe, Kummissione mache und unseri viele Tierli versorge und am Sunntig in der Chilche zweimol Orgele spiele! Hesch denn kei Hirni? Do bliib dr fir's Gaudimache miseel kei virige Zit meh! Nei-nei, das isch nit mügli!"

Tante Babette aber, welche jeder künstlerischen Regung total feindselig gegenüber stand, drohte böse mit erhobenem Zeigefinger: „Kei Schritt gangi in d'Chuchi an Herd, wenn esone schandbar, chaibe Larifari-Kumedi in unser aständig Hus inechunnt! No chönnen'r alli 's Mul gege „Beberg" ufrisse. Schriib der das numme hinter dini Löffel, du lichtsinnig Zirkusmensch!"

Das war ein Machtwort, und leider war Tante Babettes Meinung immer ausschlaggebend in unserer Familie. Ihre Drohung war einfach furchtbar, da sie als Tochter des berühmten Chefkochs Christian Brecht in Badenweiler eine unübertrefflich gute Köchin war und mein Vater ein gemütlicher Feinschmecker, der auf ihre Kochkunst nicht gerne verzichten wollte. Darum war im Familienrat eben beschlossen, daß ich kein Kasper-Theater bekommen sollte. Und damit war die Debatte endgültig erledigt.

Stillschweigend verzog ich mich in den Hühnerhof, wo ich mich auf die Laubschütte legte und in Gesellschaft meiner zahmen Hühner und Enten einen wohldurchdachten Plan aushecke, wie ich das Verbot der Tante Babette umgehen könne, ohne den Familien-Frieden zu stören.

Als die Sonne im Elsaß untergegangen war und die Hühner auf ihren Stänglein saßen, war auch mein Plan fix und fertig.

Aus der Altweiler Chronik

Wenni mi emel an mi alti Dorfheimet erinnere tue, derno sin's nit ellei d'Burehöf und d'Gäßli und alli historische Plätzli umenander, nei, o die viele bsundere Lüt, wo mir früehner im alte Rebdorf gha hei, chömme mir wieder vür, und i will's o nie vergesse, was i vonene glehrt ha und wie sie mi as Chind emel bschuelt hei:

Grad eso, as sig's erst gestert gsi, sehni mi liebe alte Nochber, der *Weisse-Dreiher,* an sinere Hobelbank bim Werchstattfenster handiere in sim blaue Schaffschurz und hör en wieder lustig pfiffe und singe nebe sinere meisterliche Arbet. Isch er is nit all en Exempel gsi, ass me o as eifache Mensch bime chleine Güetli cha glücklich werde, wemme numme gsund isch, sy Arbet und en allzit fröhliche Muet het? Und wemme o de andere Lüte gern gfällig isch und e Freud macht. Und grad selb het er jo eso guet verstande. Stundelang si-mir Schuelchinder emel vor em Werchstattfenster umenandergeißt und hei em zuegluegt, wie ner's hölzig Chuchigschirr gmacht het, und z'letscht hei mer en halt wieder emol wege de Tanzchnöpfe plogt, bis jedes vo üns eine gha het. Und was für netti Männli, Wiibli und Steihöpperli het er is chönne dreihe! Die sin jo gsurrt uf der Stroß wie's Büsi-Wetter. Hei mer en aber nonem Priis derfür gfrogt und ünsi Sparfümferli verlege in de Hände umenanderdruckt, derno het der Meister Weiss afange lache: „Das chostet jetz dasmol nüt!" Und es het o 's ander Mol nüt gchostet! Dorum wei mir ünse guete Chinderfrünniemols vergesse und ihm allzit e treu Adenke biwahre.

Grad eso ne gueti Seel isch o mi liebi Nochbere im Schwanegäßli gsi, ünser brav *Harre-Annemeili.* Wie stolz sin emel die Altwiiler-Turner in ihre sufere wisse Libli durs Dorf gmarschiert, wil's Annemeili mit sinere alte Strickmaschine all derfür gsorgt het. Und bsunders mir Maidli hei em viel z'verdanke, denn es het is gar mänggmol ame Fiirobe ins Stübli gno und uf em Zupfgiigli die alte, nette Liedli igstudiert. Vo ihm hei mer o ünser hundertjährig Wiilerliedli übercho: „Es sin zwöi Lütli z'Wyl!"

Wonem aber emol bösi Lüt sy Strickwulle gstohle hei und im Cheller no Grumbire und Wy, het's Annemeili numme d'Händ über em Chopf z'semmegschlage, wo niene nüt meh gsi isch, und z'letscht gjomeret: „I will's weger nit im Schandarm sage, denn die Lüt müen's doch o grüseli nötig bruuche, suscht hätte sie's doch nit gholt!"

Sonigi Lüt wie's Annemeili sott me halt im Alter wieder chönne in d'Altwiibermühli stecke und nomol jung mahle! Aber e guet Adenke isch jo no meh as e lang Lebe, denn:

> Was me liebt, isch nit verlore,
> Es lebt im Härze Tag um Tag.
> So lebt o 's Annemeili witer
> Im Dorf, so lang me denke mag!

Jo jo, ich ha e gueti Nochberschaft gha im Bläsiring umenander und au im chleine Schuehmacherbüdeli vom *Ruppe-Vatter* hei mir Altwyler Juged mängg nett Stündli verbrocht. Schier jede Tag isch emol öbbis ame Schueh verheit gsi, numme ass mer hei chönne zuenem go lose, was er für netti Sache us alte Zite verzellt und was der chlei Fritz und der Ruppehansi für lustigi Späßli mache. Und im Sunntig-Amt ass Chilchediener het er is all Astand und Ornig biibrocht. Und selb cha me doch bruuche fürs ganze Lebe. Wo aber in der Schuel emol der Kreisschuelrat die chleine Buebe gfrogt het, was d'Handwercher und bsunders der Schuehmacher für e Werchzüg ha mueß, isch e sone Wyler Chnopfli ufgstande und het lut und dütlich verchündet: „Der Schuhmachermeister muß auch einen Killenschlüssel haben."

My Nochber äne der Landstroß, der Altwyler Bammert, der *Brueder Jaki,* chenne die meiste selber, und ass er e treue Fluerschütz gsi isch dur und dur, wüssener o, au selb, ass er Euch ass Schuelerbuebe flinki Bei hett chönne ma-

fünfte Klaß numme gwüßt hän, was öbbe Drittkläßler ufm Eselsbank. „'S isch Chrieg, do darf men alles, au schuelschwänze!" Und mit dem durhafte Trostwort simer heiter in d'Zuekumpft g'stieflet.

Unseri Müettere hän sich allerdings nit gern driigschickt und derzue e bösi Luegi g'macht und mit Bärze und Süfzge unseri verheite Papierschürzli und durgrütschte Buebehose plätzt. Und: „Wart' numme, bis der Vatter in Urlaub chunnt!" isch ihri Warnig gsi vo früeih bis spot. Und isch er derno endli emol uf e paar churzi Täg cho, derno het er wölle sy Rueh ha und nit uf de Chindere umebengle. Do und dört aber het's au emol Hosespannis abgsetzt, und e mängg verwahrlost Burebüebli het im Stille denkt: „Wenn numme de Urlaub scho umme wär!" Bsunders die ganz chleine Chinder, wo ihre Vatter überhaupt no nie gseh hän, sin bim erste Wiederfinde nit grad fründlig gsi. Und wo emol e Nochbere zue ihrem Fritzli gsait het: „Lueg, Büebli, das isch jetz dy Vatterli. Zeig, gib em gschwind 's Händli und e Schmützli!" het sich de Chnopfli umg'chehrt und ghült: „Gang du wieder furt, mir hän en eigene Soldat!"

Ja, unseri Quartiersoldate hän e großi Nummere gha in alle Chinderherzli, und mir hän emol unterenander gstritte, wer de vürnehmste heig, und derbi het jedes müesse sage, was die „eigene Soldate" alles chönne. Do han i emol e gwaltig Glück gha, denn eine vo de unsrige isch vo Bereuf e Zauberchünschtler gsi und het chönne mit eme LumpeÄffli Chäsperli spiele und in Feldpostcharte mit eme Federmesser luter Blueme schniide. Der ander isch e Musiker gsi und het mer glehrt, zuem Giigespiel ufm Klavier z'begleite, und alli neue Soldatelieder obedri. Der Dritt het chönne Hampelmänner us Papedeckel schnätzle und het mi au in d'Lehr gno, und der Viert isch e Kaufma gsi, der het mer uf der Schribstube d'Schuelrechnige gmacht. In ihrer Freizit hän sie derno in Hus und Feld alles ghulfe schaffe, und ohni die brave Quartiersoldate wäre alli Lüt bös am Hag gsi.

Und wenn's emol eso grüseli bumbt het vo änedure und me vo de Reben us am Tülliger Berg wirkli het chönne „'s Füür im Elsiß" bschaue, derno simer halt froh gsi und dankbar für unsere guete Grenzschutz am Oberrhy, denn die viele Flieger, wo all überem Chilchturm g'chehrt hän und d'Grenze gsuecht, hän eim scho in d'Sätz brocht, und me het jo nit emol chönne meh im Früehlig ohni Gfohr go Mohrestude steche. Was Chriegselend isch, do drüber het is unser Dorflazarett scho bschuelt, und mir Chinder sin gar mänggmol am Bahnhof gstande, go luege, wie sie die arme verwundete Soldate usglade hän. Und sie hän is in der Seel in duurt. Drum simer als an de Sunntig in chleine Trüppli d'Stroß ufgwalzt, und ich ha mit ere Blech-Chachele in der Hand alli bekannte Soldatelieder gsunge und d'Spaziergänger derfür um e Batze agange für die Verwundete. Mänggmol het's no ganz ordeli usge, und au die alte Basler sin keini Gizchnäpperi gsi und hän mer gern e Fränkli gspendiert. Emol hani au ime Chilche-Konzert e Chriegsgedicht ufgsait vo 115 Zilete und derfür e ganze Huffe Sache übercho: 27 Mark fürs Lazarett, e Belobig vom Hauptmann Lehrs und e dicke, feiße Chlöpfer für mi vo de Frau Chrone-Wirti. Bim „Nüßli"-Sueche in de Rebe aber isch mer sogar emol e Spion mit eme Stockdegeli in d'Häre gloffe – und uf mi sofortigi Meldig im Dorf niede, hätt men en schier und gar verwütscht (wenn er numme nit hät besser füeßle chönne wie alli die, wonem nogange sin). Schad drum! 'S fuchst mi hüt no. Aber unsere Tülliger macht halt gar e rublige Chatzebuckel mit siine Rebstöck, do isch sone Spionewettrenne halt kei Gschleck.

Sell isch wohr, mir Chinder sin mit Lib und Seel patriotisch gsi, und aß üßer Zeiche vo unserer Vaterlandsliebi im Grenzland hämir Maidli sogar schwarz-wiiß-roti Zupfebändel trait, und e groß Bild vo unserem verehrte Generalfeldmarschall vo Hindenburg isch in jeder Stube am schönste Plätzli ghange. D'Zittig hämer au jede Tag gründli usgschneugt und d'Schlachte und d'Sieg so guet as uswendig gwüßt. Und wenn erst no wieder emol e Festig im Feindesland gfallen isch, do hämer's Glockehuus numme so gstürmt, und jedes het wölle am Seil zieh und de Sieg iilüte. Do het's mänggi Büle und mängg blau Mool abgsetzt um d'Ehr. Aber die größte Händel het's halt doch bim „Chriegerlisspiele" ufm alte Gottsacker-Wase ge, denn jedes von is het wölle der Dütsch si und keine der Fiind, und z'letzt hämer drob enander „brüederlich" verwäsche. Isch's aber endli doch emol zuem Spiel cho, derno het der dörfe der Kummidant mache, wo der Vatter oder der groß Brueder am witste duß im Feld gha het. Drum het au mi ame schöne Tag der „Hauptmann-Rang" bim Uslose breicht, denn mi Vatter isch selbmol grad vo der Elsiß-Front über Belgie uf Rußland cho, woner im Schützegrabe vorne g'chämpft het. Und ußerdem hanich jo au e großmächtige Holzsäbel im Gurt trait, en alti Artillerie-Chappe ufm Chopf und Unteroffiziersdresse am Pelerinechrägli. Do stellt me sowieso öbbis Rechts vor. Und e Roßbißschramme am Duume het der Schneid no unterstriche. (Zuer Ehrerettig vo de brave Chriegsroß möchti aber no gsait ha, sell Roß, wo mi gschnabblet gha het, isch vome Chopfschuß nümme ganz ufenander gsi. Die gsunde hän nit bisse!)

Eifach schön isch's gsi sellmol, und wenn au d'Holzschueh druckt hän und sell pfluddig, bitterlecht „Säubohnebrot" vom Beck au gar nit het wölle schmecke, eineweg simir Grenzland-Chinder glückli gsi, z'mitts in allem Unglück. Und wegeneme alte Gfreitechnopf oder eme Mocke Chummisbrot mit Marmelade het is die ganzi Welt gfreut. Wo aber anno 18 unseri Grenzhüeter wieder abgruckt sin und Schuck um Schuck abgwerchti Frontchrieger dur unser Dorf heimzoge sin und wo do und dört e Roß e rote Bändel im Halfter trait het und d'Soldaterät umenanderbrüelt hen, isch au is Chinder das Chriegsend so ganz sunderbar vorcho, und es isch is nümme guet z'Muet gsi, denn mer hän gspürt, es sig näume öbbis nümme wie anno Vierzäh und eifach nit recht.

Im Schwanegäßli
(Eine Jugenderinnerung aus Alt-Weil)

Im Schwanegäßli stoht e Hüsli,
Und din e Stübli chli und nett.
Dört hani mengge Tag vertörlet,
Wenn d'Nochbere g'strickt und g'sunge het.

's lieb Annemeili het sie g'heiße,
Die sunnigi Frau im alte Wyl.
Was het sie doch verzelle chönne
An Vers und G'schichtli sölli viel!

Und simir Maidli als am Obe
An s' Annemeilis Hus verbei,
No het's is weidli inegruefe
Und g'frogt, öb mir nit singe wei.

's Zupfgiigli längt's druf ab em Nagel,
Spielt is e Hebel-Liedli schön,
Und singe tüen au mir wie d'Lerche,
Wenn z'Nacht mir spot dur's Gäßli göhn! –

Usklunge hei die lustige Liedli,
's Zupfgiigli het ke Saite meh!
Und uf em Grab vom Annemeili
Lit glitzerig-wiiß der g'frore Schnee.

Doch, was me liebt, isch nit verlore,
Es lebt im Herze Tag um Tag! –
So lebt au 's Annemeili witer
Im Dorf, so lang me denke mag!

Helene Zapf mit ihrem Vater Karl Ludwig Zapf

's Hebelstübli

(Helene Zapf schrieb unter dem Decknamen „'s Vreneli usem Markgröflerland" die Mundartglosse „Im Hebelstübli" in der Freiburger Zeitung. Zum Neujahr 1936 erhielt sie folgenden Gruß):

Ellemol, wenn d'Friburger Zittung kunnt,
No isch ebbes drin, so urchig und gsund,
So ebbs, wo usem Härz entspringt,
Wo drine d'Heimet juchzget und singt!
E jedes Wörtli isch goldig und nett,
As ob's der Hebel no gschriibe het.
Wer steckt do derhinter? E Professor?
Oder sunscht e Geischt-Vermesser? –
E Lehrer oder e Rechtsanwalt? –
Wo für de Hebel lebt und stirbt
Und für si Wäse schafft und wirbt! –
Wo d'Heimet kennt in jedem Winkel
Und dichtet ohni dumme Dünkel!
Und anderi Lit lehrt d'Heimet kenne!
Drum därf's au mit Recht sich 's „Vreneli" nenne!
Jo, Vreneli, he grüeß di Gott! –
Mach nur so witterst hüh und hott!
Der Hebel-Vetter winkt und lacht:
„So, Vreneli, hesch's ordlig gmacht!"

Helene Zapf zum Geburtstag

Heimatliebe hat Dich 60 Jahr! geleitet,
Hat Dir Kraft gegeben und auch Mut,
Hat den andern Freude stets bereitet,
Im Gedicht, im Lied, im frohen Blut!

Kinderaugen waren stets Dir Dank,
Wenn der Kasper ihnen lustig winkte,
Kinderaugen glänzten hell und blank,
Wenn der Schalk im Spiegel blinkte!

Treue Seel', laß weiterhin Dein Lied ertönen,
Sing von Heimat und vom Alemannenland!
Freude soll das Alter Dir verschönen:
Deiner Freunde Angedenken sei Dir Pfand!

Joachim und Irmgard Lindow

Alemannische Gedichte

Heimat-Sang

Wohluf, 's isch Zit zuem Singe,
Der Summer isch jetz do
Mit Freud und Spiel und Klinge
Und macht eim's Herz so froh.

's Lied isch e Stuck vom Lebe,
Vo Heimet, Jugedzit
Und ghört zue unsere Rebe
Und Alemannelüt.

Es macht eim frei und ledig
Vo Alltags-Müehi und Last.
Wie isch doch 's Singe nötig
In sonere Zit voll Hast!

Do, wo me singt, chasch bliibe,
Do dunkt's Di nett und guet.
Denn bösi, schlimmi Mensche,
Die hän zuem Gsang kei Muet.

Wohluf, Ihr wackre Sänger,
Lönt schalle Euer Lied!
Aß Freud und Friede halte
Iichehr in jedem Gmüet. –

Zeig, Anneli, läng 's Chrüsli,
Schenk dene Sänger ii!
Mach flink as wie ne Müsli,
Aß kein mueß durstig sii!

Markgräflerland

Markgräflerland, du Land am Oberrhy,
Mit dine breite Matte, grüene Rebe,
Hesch netti Maidli, goldig-chlore Wy,
E flissig Burevolch voll Gmüet und Lebe!

Dy Muettersproch, du alemannisch Land,
Sie het en eigene Klang, ganz userlese.
Und d'Chleidertracht vom alte Burestand
Wiist züchtig-stolz Markgräfler Bruuch und Wese.

Dy Hebelgeist lebt furt in Wort und Lied
Und flicht' der Heimet still e goldige Schy.
Er stärcht in Freud und Chummer jedwed Gmüet
Und streut ins Tagwerch Freudeblüemli dri.

Markgräflerland, du Land voll Poesie!
Dir gilt my Füehle, Denke, Schaffe, Strebe.
Dir bini eige, allzit bisch du my
Und tuesch im Traum dy Heimetbild mir webe.

An Johann Peter Hebel
(10. Mai 1939)

's git weger nüt meh z'rime, z'singe, z'mole
Und nüt meh z'sage, z'lese über Di! –
's isch alles g'macht; drum will i ringer schwiige
Und inere Betrachtig rüehig sy. –

Du bisch jo all Tag binis bi der Arbet
In Hus und Feld und Wald zue jedere Stund.
Und d'Sunntigsrueih, 's Gspräch ufem Ofebänkli
Sin is gar mänggmol in Dym Geist als gunnt. –

Im Heimetlut lit jo Dy eige Wese,
Erinnerig weckt 's Markgräfler Burechleid.
Und wott me öberem öbis Herzligs sage,
No seit me's halt exakt, wie Du's hesch gsait.

Sig's Dank, sig's Mahnig, Fründschaft oder Liebi,
Im Hebelwort het alles bsundere Wert.
Drum bisch Du vürderhi dur alli Zite
Dym Heimetvolch e Trost – und bisch so g'ehrt.

Jo, Du bisch halt nit nume grad e Dichter,
E große Ma und güldene Heimetstern,
Nei, Du bisch allne au e Fründ un Meister,
Und dorum hämner Dy so grüsli gern.

Was chönne mir denn hüt am zehnte Maie,
Am Ehretag Dir Guets und Liebligs tue?
Vo neuem üs an Dyne Gobe freue. –
Dno lächlisch üs us ferne Wulke zue!

Wem gehört Johann Peter Hebel?

Me champlet drum im Badnerländli,
Jä, sogar z'Basel, Wort um Wort:
„Wem gehört er eigetlich, der Hebel?
Wo isch si liebste Heimet-Ort?"

Alt-Basel, woner isch gebore,
Wie bsingt er lieb die Stadt am Rhy!
Und z'Huse, in sim Heimetgüetli,
Isch er e glücklig Büebli gsi.

E schwere „Oser" uf em Buckel
Marschiert er weidli Schopfe zue.
Dört mueß er fest Latinisch lehre
Und alles, was halt ghört derzue.

Und wo denn au no etlig Johre
Si schweri Studiezit isch um,
So b'lehrt er z'Lörrech als Vikari
D'Schuelbuebe im Gymnasium.

Wie heimettreu us wohrem Herze
Die Stadt en liebt im Wiesetal,
Bewiest si Denkmol schön und sinnig
Und s'Hebelspiel im Heimetsaal.

Weisch, z'Hertige, do gilt no hüte
Der Hebel-Schoppe, goldig-chlor.
„Der Hebel", sait me dört, „isch unser!
Do het er gwohnt, 's isch gwüßli wohr."

Und chunnsch uf Hügele in d'„Blueme",
Sait d'Wirti zue dir fründli, nett:
„He, chömmet au go's Stübli bschaue,
Wo unser Hebel gschlofe het!"

Au z'Badewiiler isch er gwandlet
Dur Berg und Feld bi menggem Bsuech.
Und s'stoht si Nameszug no gschriebe
Im große, alte Fremdebuech.

Erscht z'Karlisrueh, do isch's e Wese,
Dört hen si gar e Hebel-Gmei,
Aß ihr „Prälat" mit sine Werke
Allzit im Geist bi ihne sei!

Z'Schwetzinge tüen sie's Grab behüete
Und halte treu si Johresfiir. –
Und suscht no an gar viele Orte
Isch er de Herze lieb und tür.

Doch, wenn sich alli so drum wehre
Um unsere liebe Dichter-Maa,
Do darf Alt-Wyl sich nit vertschliefe,
Es mueß denn au si Ateil ha!

I glaub, es het vo alle Orte
Ihm z'Wyl am beste gfalle echt!
Do het en halt e Fründschaft bunde,
Sie Jugedliebi, d'Jumpfere Fecht. –

Wie heimlig isch er über d'Muure,
Me zeigt no hüte Platz und Hurscht,
Voll Übermuet und Frohsinn gchresmet,
E lustige Markgräfler-Burscht.

Der Pfarrhof isch si Alles bliebe,
Au in der Fremdi z'Karlisrueh.
Mengg Briefli und mengg Heimweh-Liedli
Het drum der Bot als hintere tue.

Wem gehört er jetz, der Peter Hebel?
Der Schwyzer? Uns? Im Unterland?
Was frogsch und stuunsch mit große Auge?
Er ghört is alle mitenand!

E jede, wo wie er isch gsinnet,
Wo d'Heimet liebt, wie er so starch,
Dem schenkt der Hebel Werk und Wese
Wohl in der ganze „Hebel-March".

An Paul Sättele
den Dichter von Istein,
zum 70. Geburtstag anno 1954

Du Chünder vom Chlotze	Dy Treui zuer Heimet
Du Sänger am Rhy,	Baut Weg Dir und Bruck,
Dir zollt me hüt Jubel,	Druf pilgeret Dy Herz als
Froh stimmi mit ii:	Ins Heimetdorf z'ruck.
Die chöstlige Trübel	Drum wünsche mir freudig
Am Isteiner Hang,	Dir Gsundheit und Rueh.
Du gobsch sie üs fründlig	Gott geb Dir zum Schaffe
Im lieblige Sang.	Sy Sege derzue!

Dem Hebel-Maler Adolf Glattacker
(zum 90. Geburtstag am 30. Juni 1968)

Er isch e bsundere Moler
Und het sy eigene Styl,
Frogt no der große Mode
Uf dere Welt nit viel.

So süferli, wie gstoche,
Molt er mit Meisterhand
Die alt-vertraute Helge
In ünsem Hebel-Land.

Er isch as Mensch gern fröhlich
Bim Schöppli Schlipfer-Wy,
Schätzt Gsang, Natur und Liebi,
's müeßt nit e Moler sy!

Und mit sym heitere Schaffe
Isch er e guete Stern. –
Sy Gmüet isch nüt as Sunne;
Drum het mer en so gern.

Und wottscht en z'Tüllige bsueche,
's wär grad die rechti Zit,
Er het jo hüt Geburtstag,
Bringsch em e Maie mit!

Und saisch, es täti wünsche
Ihm Glück und Freude viel
Zuem Schaffe und fürs Lebe –
Sy Nöchberli vo Alt-Wyl:

      Helene Zapf

Glückwunsch für Hermann Burte
zum „Goldenen Spatz" (1938)
(Die Stadt Wuppertal vergab den Deutschen
Mundartenpreis „Goldener Spatz von Wuppertal")

Zeig, Chind, wie het sell Spätzli gsait,
Sell Spätzli, weisch, vo Wuppertal?
's het gsait: „I wott e Liedli ha
Im Heimetlut, 's Land isch egal! -

Druf het au in der Markgrofschaft
E wohlbekannti Manne-Hand
E Loblied uf der Hebel g'verst
As Heimetgrueß vom Dichterstand.

Und 's Spätzli sait: „Isch das der Bricht?
Do grief i zue! - Het nit de Ma
Der Hebel in sim Rimebuech
Au für üs Spätzli d'Merki gha? -

Drum, wer mim Hebel d'Ehr atuet,
Dem g'hört jetz au emol e Schick.
Und i flieg gschwind in Flachslandhof
Und bring im Dichter Freud un Glück!

Lebensbetrachtung

Wemme gern lebe wott uf dere Welt,
Sott me der ander au gern lebe lo,
Und nit, im Herze voll Vergunst und Nid,
Im Nebemensch vor 's Streifeli Sunne stoh. –
Gott, unser Herr, teilt siini Gobe us,
Nit mir ellei, es wär au gar nit recht;

Viel Hundert schöpfe us sym Brunnequell,
Und was sie schaffe, isch gwiß guet und recht. –
Drum gilt au d'Kameradschaft in der Chunst.
Sie g'hört zuem Lebe, grad wie Wy und Brot.
Ehrgiz und Chib – lönt is verzichte druf!
Guetsy isch alles – Lebe über e Tod!

My Weg

I gang my grade Weg,
Sag drüber, was du witt,
Für d'Heimet und ihr Volch.
Und 's ander keit mi nit.

My Gsellschaft

In ganz vürnehmer G'sellschaft
Bin i am rechte Platz:
By Roß und Geiß und Chüehne,
By Säule, Hund und Chatz,
By Ente, Gäns und Hüehner
Und Tierlie usem Feld
Und Chinder no drum-ume. –
Das isch eso „my Welt!"

Worum hanich au d'Tierli
Und Chinder gar so gern?
Wil sie eim ehrlich wiise
Der innerst Lebes-Chern!
Do git's kei dopplet Rede,
Kei hinterhältige Lug,
Nit falschi Kumplimente,
Undank und Chaibe-Trug.

Sie sin zue alle Zite
E Trost in Not und Schmerz
Und trage Freud und Liebi
Wie Immli eim ins Herz!

Drum bini au so glücklich,
I sag suscht witers nüt,
In dere noble G'sellschaft
By so viel liebe Lüt!

Lied zum Muttertag

Chinder, holet gschwind am Hag
Fürbusch-Rösli, blaue Flieder!
Chehrt doch hüt e schöne Tag,
Unsere Muettertag jo wieder.

Müettere, wo ohni Chlag
Werche, sorge und betreue
Opferwillig Dag um Dag,
Solle sich hüt herzli freue.

Lied und Wort soll froh im Mai
's Alter mit der Juged binde,
Jedem Muetter-Herze treu
Große Dank und Liebi chünde!

Goldene Hochzeit

Zwei Sterne stöhn am Himmel
In ihrem güldene Schy
Und lüchte still uf d'Erde. –
Was chönnt echt schöner sy?

Zwei Rose glüehn im Garte
So goldig wie der Wy
Und trage Silber-Perle. –
Was chönnt echt schöner sy?

Zwei Wulche ziehn im Blaue,
Hoch über Berg und Rhy
Uf d'Wander-Fahrt in d'Witti. –
Was chönnt echt schöner sy?

Zwei Mensche göhn selbander
Im Lebes-Obe-Schy
In Liebi, Treu' und Glaube. –
Und nüt cha schöner sy!

Vogellied am Morgen

Du bunt, herz-tusig Vögeli,
Was wecksch Du mi vor Tag
Mit Zwitscherle vo Dym Morgelied
Zue Sorge, Leid und Chlag? –

Au i bi fröhlich gsi wie Du,
Hüt bini still und chrank,
Lueg obsi gern zuem Chilchhof hi
Und weiß Dir drum kei Dank!

Chlei Vögeli im Bire-Baum,
Au Di holt z'mol der Tod!
Der Bammert lurt scho hinterem Rai
Mit Flinte und mit Schrot!

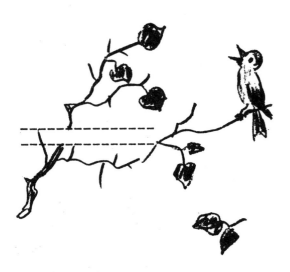

Der Schandfleck

Es goht e böse Fluech dur's Land
Und schändet unserei Sproch. –
Er isch echt überall bekannt,
Mer brüelt 'n wit und noch.

„He, Gott verdammi!" fluecht der Ma,
Es schimpft 'n d'Frau und 's Chind.
Er tönt dur Hus und Stroß und Ba'
Und zitteret furt im Wind.

Bedenk doch, Mensch, was Du do saisch!
Licht chunnt emol der Tag,
Wo Du bim ebige Richter chneusch
Und bisch drob in der Chlag!

Was meinsch, wenn Er Dy Wunsch macht wohr:
„Verdammt in Ebigkeit!"?
No chunnt d'Erkenntnis, z'spot und chlor:
„Oh, hätti's niemols g'sait!"

Ein alemannisches Passionslied

Wer hangt dört mit em bleiche Gsicht
Am Chrüz uf Golgatha? -
Lueg d'Chrone, wunen bluetig sticht!
's sin scharfi Dorne dra. -

's isch unser Heiland, Christ, der Heer,
Wo für is alli stirbt.
Ihm ganz ellei siig Dank und Ehr',
Wil er uns d'Gnad erwirbt!

Er macht is frei vo Sündeschuld,
Erlöst vo Leid und Not
Und schenkt is voller Gnad und Huld
E Lebe nonem Dod. -

Und hangt er mit em bleiche Gsicht
Am Schandholz au voll Hohn,
Im Osterliecht si Grab durbricht
Der Held und Gottes Sohn!

Kriegs-Erinnerungen *(Anno 1940)*

Git's denn e schöneri Heimet, as 's Oberland am Rhy
Mit siine Rebe-Hügle? Wo findsch e lieberi glii? –

In schicksalschwere Tage füehlt 's alemannisch G'müet
So recht sy Heimet-Liebi, wenn's furt in d'Fremdi zieht.

's dunkt eim uf eimol breiter, 's erdbrun umpflüegt Feld,
Und d'Matte schiine grüener. – Wie guet isch alles b'stellt!

So farbig hän suscht g'lüchtet im Garte d'Blüemli nie,
Und 's Hus mit hundert Dinge hebt eim – me weiß nit wie!

Und erst im Stall no d'Tierli! – Chönnt je me die verlo? –
Der Chrieg isch öbbis Böses. – Wer weiß, wie's no cha cho!

Und tief im Bure-Cheller der goldig Heimet-Schatz
Lit chüehl in eichene Duge. – Für de gäb's kei Ersatz!

Doch au die ernste Zite hän ihre guete Chern'! –
Sie scheide Sprür vom Weize, und d'Wohret haltet Ern'.

Es wiist sich frei und offe, wer recht as Ma und Frau
In Nächste-Hilf und Treui, wie denn im Glaube au.

Me sieht jetz, öb me Nochbere und Fründ het in der Not,
Und öb die eigeni Sippe guetherzig zue eim stoht.

So wämmer z'sämmehalte, mir Alemanne-Lüt,
Und eis goht mit em andere, so will's au unseri Zit.

Und alli wämmer hoffe, aß ende mög de Chib,
Und unseri Grenzland-Heimet uns doch erhalte bliib!

Und het nit au de Hebel e Riim zuem Friede g'sait? –
Gott geb, er mög bal g'rote für Zit und Ebigkeit!

D'Markgräfler Uswanderig
(Anno 1944)

Furtwandere us der Heimet! – Der Find fürt über e Rhy! –
Es brennt und chracht und chesslet! He! cha's denn mügli si? –
Me ladet z'unterobsi gschwind 's nötigst Hab und Guet,
Spannt 's Rößli an de Wage und fahrt in Gottis Huet.
Und Chüeih und Chälbli wadle gar trurig hinteno,
Der Hofhund an der Chettene mueß unter der Langwid goh.
Und d'Hüehner inere Chiste und d'Güggeli nebedra,
Sie bruuche nit verreble und müen au Obdach ha.
Die brave Chatze-Busi, die halte's Elend us;
Me cha sie nit mitschleipfe; drum hüete sie's Bure-Hus.
Und suscht no mäng arm Tierli blibt z'ruck in Rauch und Für.
Es git do nüt meh z'rette – sig's au im Herze tür!
Doch ime g'molte Trüehli sin Helge guet verwahrt:
's Adenke vo de Ahne; me het's gar subtil g'spart.
E Bündeli dürr Fuetter, e Zeine Plunder au,
E Guttere Chirsi-Wasser, ibunde b'heb in Strauh.
Und z'öberst hocke d'Maidli, 's Großmüetterli lit im Heu.
So füehrt die bravi Büri ihr Alles furt ins Frei.
Der Großvatter mit eme Gitzi fahrt imene Chäreli no.
Er wüscht sich über d'Auge, wil er mueß d'Heimet lo.
Der Jungbur stoht dört äne im Frankriich duss im Feld,
Und unseri starche Bursche hän sich letzt Wuche g'stellt.
Leb wohl, Markgräfler Heimet, im goldige Sunne-Glanz!
Wer weiß, öb mir di finde nomol so schön und ganz? [G'schick.]
's isch Chrieg! – Mer wän nit chlage ob unserem Grenzland-
Mer hoffe uf e Friede, uf d'Heimchehr und uf's Glück!

Willkommensgruß an die Heimkehrer
des Dorfes Eimeldingen (anno 1950)

My Gottwillche in der Heimet!
Endlich sin'r wieder do!
Zwor recht müed und au verwundet,
Mängge isch au nümme cho!

Vatter, Muetter, die Verwandte,
s'Dorf und 's Feld, der Rebehang
Biete fründlich Euch e Heimstatt
Lieb' un Treui zuem Empfang!

O, mir wänn gwiss nit versume,
Was Euch währschaft Heilig bringt,
Leid und Elend macht vergesse,
Bis Euch's Glück im Herze singt!

Frili isch au nit wie amig
D'Heimet do am Oberrhy.
D'Chriegsnot het sie arg verschunde,
Tief isch au ihr Elend gsi.

Und nit alli Euri Liebe
Reiche Euch zuem Willkumm d'Hand.
Gunnene der ewig Friede,
Wenn sie deckt scho Chies und Sand.

Aber wie in schwere Zite
D'Heimet het Euch lieb betreut
Im Gebet, in Wort und Gobe
Und Euch Euer Herz erfreut,

So will sie au hüte wieder
Euch mit Hilf zuer Site stoh,
Aß Ihr voller Muet und Glaube
Möge denn an d'Arbet goh.

Unsere schöne Heimet-Obe
Sig Euch drum der Fründschaft Pfand,
Und es grüeßt mit grüene Rebe
Maifroh Euch s'Markgräflerland.

Maidli, zeig, läng weidli 's Chrüsli,
Schenk en i der Ehretrank!
Euch zuem Wohl, Ihr brave Manne,
Gilt er as der Heimet Dank!

Unsere neue Stadt
Volkstümlicher Reigen, aufgeführt an der Stadtfeier
am 16. November 1929)

VORSPRUCH:
(Ein Bauermädchen aus Alt-Weil spricht)
Gänt alli achtig druf, Ihr liebe Lüt,
Was mir im frohe Spiel Euch zeige hüt!
Mir, Euri Chinder us der Stadt am Rhy:
Flink, flink, ihr Maidli, stimmet mit mir i:

CHOR:
(Melodie: „Z'Mülle an der Post . . .")
Z'Wyhl am schöne Rhy
Cha me lustig si!
's isch e Flecki dunndersnett,
Wie 's badisch Ländli keis meh het!
z'Wyhl am schöne Rhy!

Valleri, vallera, gluck-gluck-gluck-gluck
Gluck-gluckvallera! usw.

VORSPRUCH (dasselbe Mädchen):
Im alte Wyhl, do wohne d'Burelüt.
Die schüche Plog und herti Arbet nüt.
Sie schaffe flissig um ihr täglich Brot
Im Feld vo früeh, bis d'Sunne untergoht.

REIGENCHOR:
Nei, was wär's e Not,
Hätte mir ke Brot! –
Flissig sichlet, gaffet nüt,
D'Frucht mueß trochen ine hüt!
Suscht hei mir ke Brot!

Chönnt die Rebstadt si
Ohni ünsere Wi?
Schniedet, sprützet, bägget denn,
Aß die Rebe Trübli gän,
Suscht hei mir kei Wi!

Was di Herz bigehrt,
Bringe mir do z'Märt:
Eier, Anke, Brenntewi,
Öpfel, Chabis, Zellerie.
Chromet öbis i!

VORSPRUCH:
(Ein Beamtenmädchen aus der Kolonie Leopoldshöhe)
Und unseri neui Gartestadt, die Leopoldshöh',
So sufer hesch gwüß niene keini gseh!
Wie sind die Gärtli doch so dusig nett!
s'isch alles, was der Bähnler und der Zöllner het.

REIGENCHOR:
Los, der Schnellzug faucht!
Und si Chemi raucht.
In der Hitz und in dem Rueß
Der Heizer d'Arbet mache mueß.
In dem schwarze Rueß!

Lueg, der Ma am Zoll!
Tuet au, was er soll.
In mengg chalter Winternacht
Stoht er an der Grenze Wacht.
Brave Ma am Zoll!

VORSPRUCH (dasselbe Mädchen):
Und jede au, wo mit der Geisteschraft
De andere dient und mit sim Hirni schafft:
Sei's in der Stadtverwaltig, im Büro,

In der Schuel und Kirch und suscht no näume so,
Der schafft so viel als einer mit der Hand.
Drum haltet hoch der treu Beamtestand!

REIGENCHOR:
Lueg, wie d'Federe chritzt!
Und wie d'Tinte spritzt.
Schriebe, schriebe, grad wie toll
Vieli langi Böge voll.
Schriebe, schriebe,
Bis der Schrieber schwitzt.

VORSPRUCH:
(Ein Mädchen aus der Industrie in Friedlingen)
Z'Friedlinge unte, do isch d'Industrie.
Die bringt der Stadt e mengge Batzen-i.
D'Arbeiter, die sind rüehrig, s'isch kei Frog,
Sowohl am Webstuehl wie am Farbetrog.

REIGENCHOR:
Luege nume zue
Ohni Rast und Rueh
Siedewebere flink und frisch
Webe bis e Bändel isch!
Webe, webe, webe immer zue.

Und der Färberma
Het si Gfalle dra.
Färbt die Siede himmelblau,
Rosa, lila, äschegrau.
Was er färbe cha!

VORSPRUCH:
(Das Bauernmädchen aus Alt-Weil spricht)
Mir wäre jetz mit unserem Reige z'End
Und gän in Friede druf enander d'Händ.

Wil jeder halt der ander bruuche cha:
Arbeiter, Zöllner, Bähnler, Burema.
Ei Volch, ei Herz – stoht Euri Juged do.
Ihr große Lüt, göhnt machet's au eso!

REIGENCHOR:
Z'Wyhl am schöne Rhy
Wei mir einig si.
Einigkeit sig ünseri Ehr!
Der neu Stadt die besti Wehr.
Einig, einig, einig Wyhl am Rhy!

Mi Heimetort

Altwyl soll lebe
Mit sine Rebe
Und mit sim Schlipferwii!
Dört wohnt e Volch vo bsunderer Art,
Vo Schale ruuch und Cherne zart.
Si Sproch isch hert wie Erz,
Doch het's en ehrlig Herz,
Wo treu in Freud und Schmerz!

Chunnt ein go froge
Und macht do Schnoge
Wit useme frömde Biet,
Wonich sig her, so plogt er mi.
I dreih mi um und sag em gli:
„Was frogsch denn du so dumm,
Und luegsch mi a so chrumm?
Ich bi vo Wyl, worum?
Wenn d'öbbis wottsch, so chumm!" -

Drum soll's au gelte.
I loß nit schelte
Mi Heimetdorf am Rhy!
Mit sine Burslüt brav und nett,
Wo's Chirsi, Wii und Trübli het.
Altwyl im Sunneschii,
Dir will i fürderhi
All treu und eige si!

Alt-Weil

Und chunnt me no etliche Johre
Z'mol wieder ins Heimet-Dorf z'ruck,
Se dunkt's eim, me heig nüt verlore.
D'Erinnerig, sie baut eim e Bruck:

Es stöhn alti Hüser und Schüre,
Und d'Wegli und d'Gäßli sin do.
Und d'Nochbere unter de Türe,
Sie heißt mi fründli willcho.

Dört d'Chile bheb neb der Lindy,
Me het is din einst kumfermiert.
Der Brunne, er brüschelet, findi,
Wie, wo mer de Reige hei gfüehrt. –

My Stapflehus luegt usem Ecke
Grad wie ne Urähneli wiß.
Kei Chriegsgfohr het's möge verschrecke,
Und trait's o viel Schrunde und Riß.

Los, 's Chilch-Gäßli tönt no bim Schritte
Vom heimlig-vergrabene Gold! –
Was hei mir as Chinder drum g'litte,
Mer hätte's zue gern emol g'holt.

's Schuelhüsli am Hinterdorfströßli
Verzellt is vo Juged und Freud. –
Doch het es hüt selber mängg Mösli,
Und 's Türmli isch lang scho verheit.

Der Domhof, was chönnt er doch brichte
Us friedlich-vergangener Zit;
Vom Hebel viel Liedli und Gschichte,
Mer singe's und sage's no hüt.

I tät ime Märlibuech träume,
So chunnt mir's alt Heerehus vür.
Wie gattig winkt's eim us de Bäume
Und wiist no sy Wappe as Zier.

Der Dych tuet si weidli vergrüße.
Er weiß nümme recht, wer i bi.
Er wedlet durabe an d'Wiese,
No göhn sie selbander in Rhy!

Doch z'letscht no im Gottsacker niede,
Lang standi und lies an de Stei. –
Es gobt eim e durhafte Friede
Die ebigi Heimet ellei! –

Der Wyler Bammert

Der Wyler Bammert, lueg en a
In synere grüene Tracht!
Das isch e starche, stramme Ma!
Du, Chirsi-Dieb, gib acht!

De het e Blick, as wie ne Luchs,
Chennt jede Weg und Plätz
Und schliicht so liislig wie ne Fuchs.
Feldfrevler, dir goht's letz!

Und wenn er hürnt am Morge früeih
Bim Bammert-Hüsli dört,
Verpaßt der Wyler Bur seb nie,
Wenn er si Hippli hört.

Er denkt: „I dreih mi nomol um,
's isch dusse doch no Nacht.
I b'chümmere mi kei Schnog dodrum:
Für mi der Jaki wacht."

's isch wohr, er wacht, doch nit ellei,
Denn wohl zue jedere Stund
Stoht neben em all bheb am Bei
Sy treue Schöferhund.

E Blick: „Don, faß!" – De het en glii,
Der Schelm, der trübli-süeß,
Und leit sym Meister, wenn's mueß sy,
E Hosebode z'Füeß.

Drum hei die Bure sone Ern
Und bringe alles ii.
Die zwoi vermißti keine gern
Im ganze Wyl am Rhy!

Der Haltiger im Früehlig

My Heimetdorf am Rebehang,
Dir bliib i treu my Lebe lang!
Und mueßi au in d'Fremdi goh.
Tuesch Du mir all vor Auge stoh!

D'Markgröflere in der Chappe-Tracht,
Wo fründlich mir ergege lacht,
Sie schrittet stolz im schwarze G'wand,
Ihr G'sangbuech in der brune Hand.

Und 's isch der ebig Juged-Traum,
Wenn's Vögeli singt im Chirsi-Baum,
Und d'Gärte stöhn im Blueme-Duft
Und 's weiht vom Berg e früschi Luft!

My Herz, es singt in minere Bruscht
Vo Lebes-Muet und Maie-Luscht!
O Heimet, zwüsche Berg und Rhy,
In Dir do chani glücklich sy!

Beim Fasnachtsfeuer

Schibi, Schibo!
Wem soll die Schibe goh?
My ersti Schibe ab em Stand,
Heluf! Sie goht im Heimetland!
Schibi, Schibo!

Schibi, Schibo!
Wem wird die zweiti Schibe goh?
Die gilt der Chunscht, wo allizit
Eim Trost und Freud ins Lebe git!
Schibi, Schibo!

Schibi, Schibo!
Wem mueß die dritti Schibe goh?
Die Buecheschibe hert und chlei,
Heluf! Sie fahrt der Hebelgmei!
Schibi, Schibo!

Schibi, Schibo!
Jetz hätti denn my letzti no.
Scho fahrt si obsi, glüehnig wit –
Doch, wem sie ghört, sell sagi nit!
Schibi, Schibo!

Die Markgräflertracht

Git's denn e schöneri Chleidig
As unseri Buretracht? –
So stattlig und so gschmeidig,
So stolz und gattig gmacht! –

Wie vürnehm sind die Gstalte
In ihrem lange Gwand
Mit sine breite Falte
Und bunter Farb – charmant.

's schwarz Fürtuech mit der Borte,
Mit Siideblüemli bstreut,
Wird binis allerorte
As bsunderi Zierdi trait.

Wie stoht im Annemeili
's wiiß Fransle-Halstuech nett!
Din schrittet's wiene me Fräuli
Vom Röttler Schloß echt z'wett! –

Vo grippte Band us Siide
Trait's d'Chappen uf em Chopf,
Und d'Bändel weihe niede
Vom lange blonde Zopf!

Und Auge, chlor wie Sterne,
Und Backe rot und früsch,
E Gmüet mit weichem Cherne
De Maidli eigen isch,

Wo d'Heimetliebi mehre
Im alte Burestand
Und trage treu in Ehre
D'Tracht im Markgräflerland!

Neuzitlich
(1930)

Wo sind denn au die Anneli, die Bäbeli und Hanneli,
Die Frieda, Sofie, Chätterli und Emmeli verschwunde hi? -
Was sind doch Berta, Annemei für Näme nett und heimettreu,
Doch niemeds mag meh heiße so, me müeßti si grad schämme, jo! -
Jetzt heißt me: Lisa, Hildegund, Marietta, Ruth und Rosamund,
Irene, Inge, Gisela, Renate, Blonda, Silvia.
Elvira, Zilla, Elenor - die chömme dato menggmol vor!
Anita, Ilse, Lieselotte! Me heißt halt nüme no der Gotte. -

Wo sind denn au die Friederli, die Ernstli, Karli, Gusteli,
Die Hansli, Jobbi, Männeli und Jörgli denn verschwunde hi?
Jo, d'Buebe, lueg si numen a, müen au moderni Näme ha.
Me goht halt mit em Zug der Zit und macht die neui Mode mit. -
Karlheinz, Erich und Ferdinand, Rolf, Gerd und Günther sin bekannt.
Edmund und Werner, Ottokar und Udo, Horst und Waldemar,
Klaus, Jürgen, Egon, Wendelin, Herwart, Siegmund und Konradin,
Harry, Walther ebeno sind ziemli starch vertrete do! -

Daß die nit schön sind, bime Eid! Das het bis jetz kei Mensch no gsait,
Flott stöhn si unsere Städterlüt! Doch unsere Bure stöhn si nit!
I chönnts an hundert Biespiel bringe, wie unkumod die Näme klinge
Bi uns do im Markgräflerland, im alte, echte Burestand!
E jede Gau im Vaterland het sini Näme wohlbekannt,
die passe guet zue jedere Zit charakterlich für sini Lüt.
Drum sotte mir, wie unseri Alte, die guete, echte Näme bhalte.
Aß niemeds bruchti drüber chlage: „Was tät der Hebel derzue sage?
Er, unser Alemannestern! Hanspeter jetz wärsch unmodern!" -

Der Geißbock

Der Geißock stoht im Tier-Riich einzig do!
Er meint, 's müeß alles no sim Schädel goh.
Und laufen anderi Tierli ihm in Weg,
No butscht er's mit de Hörner übel zweg.
Und nit emol im Stall in het er Rueh,
Er luegt zuem Lädeli us und brüelt derzue.
So het's au Mensche leider massehaft,
Mit sonere Bocks-Charakter-Eigeschaft,
Me heißt sie Kritikaster, wohlbekannt,
Und het si uf der Latt im ganze Land.
Nüt chönne sie, as ständig kritisiere
Und große Lärm um chleini Sach verfüehre.
Am liebste ziehn sie über Toti her,
Die mache ihne d'Kritik jo nit schwer!
E Goethe oder eine cha mit Ehre
Sich sinere Hut persönlig nümi wehre.
Jedoch „die Lebige" sind au no do,
Und tüen sich eifach nüt meh gfalle lo,
Bis all die viele Meckerer tüen jetze
Für's Tadle öbis Eiges, Bessers setze!
's git Übergscheiti gnueg vo deren Art,
Wo ihri Bruefskamrade nit grad zart
Mit Kritike und Stichlereie bschütte
Und chönne usser sich kei andere liide.
Statt, aß sie einig mit em andere göhn,
In Gmeinschaft treu für's Volch und d'Heimet stöhn!
Guets schaffe derlei Lüt nit uf der Welt,
Und glücklig sind sie nie trotz Ehr und Geld.
Denn d'Zfriedeheit isch unser vürnehmst Guet:
Wenn ein im andere s'Lebe gunne tuet!
Ihr Scheckerer, ihr Meckerer!
Ihr böse Geißböck, ihr!
's Best wär für's Volch und d'Heimet,
Me spannti Euch us em Gschirr!

Der Hoke

Der Heiri frogt der Frieder,
Wie's mit em Wiibe stüeng,
Ob denn mit 's Nochbers Meili
Au gar nit vürsi gieng?

Cha es am End nit huse
Und feget umenand? –
Nei, süfzget druf der Frieder,
Es fehlt suscht allerhand.

Es isch doch sufer g'wachse,
Schafft ufem Feld für zwee,
Isch zue de Lüte fründlig,
Was wottsch denn echt no meh?

Tuet's öbbe nit schön tanze
Und singe wie ne Grabb? –
Sell chönnt i grad nit sage,
Dört goht em gwiß nüt ab.

Es dreiht sich wie ne Rädli
Und juchzget uf der Weid
Und singt as wie ne Lerche
Vor Lebenslust und Freud. –

's liebst Maidli isch's durane,
's sait's auch grad jede Burscht.
Doch het die Sach' e Hoke:
I bin em nämlig wurscht.

Hochdeutsche Gedichte

Der Dichter spricht

Wir brauchen sie nicht erst erfinden und dichten,
Das Leben macht selbst ja die besten Geschichten.
Nur offene Augen zum Schauen sind nötig,
Dann ist es zur täglichen Schenkung erbötig.

Die Freuden und Leiden reimt bunt es zusammen,
Mischt feindliche Kräfte wie Wasser und Flammen.
Und glaubt man, es banne das Glück uns ins Haus,
Geht plötzlich der Schlußakt ganz anders noch aus.

Was brauchen wir träumen und staunen und dichten?
Das Leben macht selbst ja die besten Geschichten.
Drum lad' in mein Stübchen, bescheiden und klein,
Ich täglich zu Gast mir Frau Wirklichkeit ein!

Die kleinen Freuden
(Widmung in das „Freudenbüchlein")

Das Jahr hat viele Tage
Und jeder seine Plage;
Wie trügen wir sie nur?
Käm nicht auch hin und wieder
Ein Sonnenstrahl hernieder
Auf ewiger Gottheit friedevoller Spur.

Die stillen, kleinen Freuden,
Mir kann sie keiner neiden –
Ich halte sie geheim!
In dieses Büchleins Zeilen
Da mögen sie verweilen
Wie in der Blüte Bienleins Honigseim.

Ist dann mein Jahr zu Ende,
So legen meine Hände
Bedächtig wendend Blatt zu Blatt.
Erinnerung senkt sich nieder,
Schenkt alle Freuden wieder,
Die mir so mancher Tag bescheret hat!

Am Heiligen Abend

Der Weihnachts-Stern am Himmel
Bestrahlt mit goldenem Schein
Viel Erdenleid und Sorgen
Und lehrt uns stille sein.

Das Christ-Kind in der Höhle,
Arm wie ein Krippen-Tier,
Weist uns den Weg zum Frieden
Und Glücklichsein allhier.

Den Weg der Nächstenliebe
Laßt gehn uns Hand in Hand!
Er führt gerad' durch's Leben
Ins ewige Heimat-Land.

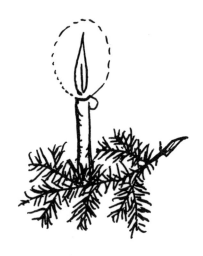

Ostern

Laß dein Herz doch auferstehn
Aus des Grames tiefem Schacht,
Wenn das Leben Leid und Schmerz,
Not und Kummer dir gebracht!

Laß dein Herz doch auferstehn!
Wecke es zur guten Tat!
Neu ersteht auch die Natur:
Blumen blühn – es grünt die Saat.

Laß dein Herz doch auferstehn
Bei dem Oster-Glockenklang!
Gib es Christus, Gottes Held,
Der für dich den Tod bezwang!

Kreuzträger

Trägst du dein Kreuz mit trübem Blick
Und tief-gebeugtem Haupt,
Ist es ein schweres Marter-Stück,
Das dir den Atem raubt! –

Trägst du dein Kreuz im Schlender-Gang,
Mißmutig, matt und träg,
Scheint wie ein Wüsten-Pfad so lang
Und öde dir dein Weg.

Trägst du dein Kreuz mit Frohmut still,
Wird es dir federleicht.
Du blickst zum Himmel: „Wie Gott will!"
Bis du dein Ziel erreicht!

Ode an Wyhlen

Freundliches Dörflein am Rhein
Mit deinen Gäßlein und Winkeln
Und den Brünnlein so klar,
Die blumen-umrankt uns locken
Zu dem erfrischenden Trank
In sommerlich dünstiger Glut. –
Wyhlen, sei froh mir gegrüßt
Und nimm mich, den Wandernden auf!

Liebliches Dörflein am Rhein
In deinem grün-duftigen Schmucke:
Tannen an felsigen Hang,
Sie stehen als Wächter im Sturm,
Schützend das Haus und den Hof
Des uralten Klosters am Steg,
Himmels-Pforte genannt,
Ein Heim, dem der müde und krank,
Von seines Alltages Hast
Suchet Genesung und Ruh.

Friedlich ertönet dem Ohr
Des Abendglöckleins Geläute,
Wenn es in Dämmerung und Grau
Weckt die Romantik uns auf,
Und es erzählt uns ein Freund
Historien und Sagen von einst. –
Horch nur, es raschelt im Strauch!
Steht nicht Maria im Buchs?

Trauliches Dörflein am Rhein,
Du sonniges Fleckchen im Grünen,
Wo man den Frieden verspürt
Und atmet so seltene Ruh. –

Fleißig und schlicht ist dein Volk,
Alemannen in Wesen und Laut,
Schaffen mit schwieliger Hand
Und singen aus fröhlichem Mund.

Gastliches Dörflein am Rhein,
So gib, was du bisher geboten,
Ferner dem wandernden Freund,
Heimstatt und labende Rast.
Pflege des Brauchtumes Gut,
Sprache und heimische Art.
Sei du ein Hüter am Strom
Treu uns für Heimat und Volk!

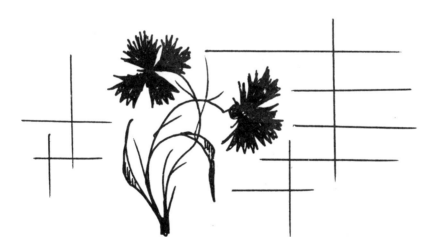

Geschichten aus der „Ahnentruhe"

Die Kaffee-Visite

An einem schönen Sonntag sitzen die Freundinnen und Basen in der guten Stube der Markgräfler Bäuerin bei heiterer Stimmung um den herrlich duftenden Kaffee-Krug versammelt. Alle schwatzen und lachen, nur die Mei-Bas kramt geschäftig in ihrem schwarzseidenen Ridikül herum. Ihre Nachbarin, die Rose-Kätter, reckt darum neugierig ihren Hals und erspäht ein Zahngebiß. Sogleich fährt sie auch die Mei-Bas temperamentvoll an:

„He, Mei-Bas, tüen doch Euer Bieß ins Muul stecke, suscht chönne ner die herti Linzer-Tarte doch nit bisse!"

Entrüstet aber gibt ihr die Mei-Bas heraus: „Was? – Ich ha no keini falsche Zähn; das isch jo gar nit my Bieß, das isch im Hansjörg, mim Ma, si's! I ha's numme hüt mitgno, aß er mir deheim nit an d'Hartwurscht goht."

Vom Hebelmaler Adolf Glattacker

Der Adolf Glattacker war von jeher ein Unikum und nicht allein seinem Stil als Romantiker der alten Tradition verschworen, sondern er ist auch seiner alten Kleider- und Haartracht bis auf den heutigen Tag treu geblieben. Im ganzen Rebland und Schwarzwald, im Breisgau, wie drüben in der Stadt Basel kennt ihn jeder schon von weitem in seinem schwarzen Mäntelein, den großen Schlapphut auf den krausen Wuschelkopf gedrückt, mit wehendem schwarzen Schlips – ich glaube, man nennt dies eine Lavallière – und seinen leichten Wanderschuhen.

So kommt er seit Jahren daher, eine Mappe unter dem Arm und vergnüglich durch eine Brille in die schöne weite Landschaft blickend. Als er noch um die Hälfte seiner Lebensjahre jünger war, trug er sein üppiges kastanienbraunes Lockenhaar, wie Albrecht Dürer, auf die Schulter fallend.

Dieses seltsame Gelock, dazu noch einen rötlichblonden Bart und Schnurrbart, erregte besonders bei den Kindern großes Aufsehen, und sie betrachteten ihn bei seinen Malstudien in ehrfürchtiger Scheu.

So fragte ihn eines Tages schüchtern ein kleines Büblein: „He, bisch du denn der lieb Gott?" Adolf Glattacker, der Kinderfreund, war aber um eine Antwort nicht verlegen und antwortete dem Kinde erklärend: „Nei, nei, sell bini ganz gwiss nit, aber i bin de Nikolaus!" Sogleich gesellten sich noch andere Dorfkinder dazu, und sie bestürmten alle den guten Vize-Nikolaus: „Gell, bringsch is im Winter Öpfel und Bireschnitz und Grättimanne und e Hührösseli und e Basler Leckerli und Änisbrötli!"

Am Nikolaustag aber hatte der Hebelmaler allen Grund, schön brav daheim auf der warmen Chunscht zu bleiben.

Der Alt-Wyler Bammert Johann Jakob Brueder

Er isch e ganz eigenartige Mensch gsi, der Jobbi. Mit heiterem Sinn isch er früeih am Morge mit em G'wehr uf em Buckel und em Bammert-Hippli an der Site ins Feld g'marschiert, und me het em trotz sym Alter am ufrechte, stolze Gang der ehemolig Grenadier scho vo witem a'gseh.

Wer em begegnet isch, de het e fründliche Grueß übercho, und mit ganz bsundere Rede het er d'Lüt zue der Arbet ufgmunteret. Isch näume e Burscht bim Öpfelgünne uf der Leitere obe g'stande, het er em e Rüngli zueg'luegt und het en derno mit em Zeigfinger vermahnt: „Du muesch d'Öpfel nit abriiße, de muesch sie abdreihe! Weisch, seb tuet im Baum nit guet!"

Und wenn z'Obe bi sym Heimgang no e Großmüetterli ufeme Bänkli vor em Huus g'sesse isch bim Hoseplätze, so het ere de Jobbi lunig zuegruefe: „Großmüetterli, mach suferi Arbet! Gell aber du!"

Wer en aber ame freie, g'müetliche Fiirobestündli, öbbe binere Metzgete, het g'hört singe und Zither spiele, de hät em sy ruuch Handwerch währli nit vermacht! Au isch er all gastfründlich und freigebig gsi, das mueß men em lo! Und doch isch er zuem Bammert gebore gsi.

De Ma het e Gedächtnis g'ha wie der Napolion. Es het in dem große Wyler Biet vo der Landesgrenze bi Rieche bis uf Friedlinge abe an Rhy kei Plätzli, kei Bäumli und kei Hürstli gä, wo der Jobbi nit g'chennt het, und er het gar wohl g'wüßt, wem jedes Möckeli Feld oder Matte g'hört het. Derwege het en au kei Chind je chönne alüege, wenn's uf andere Lüte ihrem Bündeli sy Hase- oder Geißefuetter z'semmeg'rupft het.

„Wemm g'hörsch du, Büebli?" het er derno das vergelsteret Feldfrevlerli abrüelet. „Wenn de nit sofort saisch, wie de heißisch, no schriib ich di uf!" E letze Name und e gaggeriti Uskunft, und scho het's „bätscht" mit em guetg'meinte G'leitwort: „Feldfrevle darf me nit! Seb machsch e zwöit Mol nümme! Gell aber du!" Het er aber e Groß verwütscht, und selle isch em unghoblet cho und het wölle koldere: „Worum soll ich mi jetz do lang uswiise wege somene Tschüppeli vertrampltem Gras?" no het er en aber in der Senkel g'stellt: „Es soll mr nit passiere, aß eine frogt, worum, wenn ich en biim Feldfrevel verwütscht ha!" und er het en eifach am Fläcke packt und mit uf's Rothuus g'no.

Er isch aber au gsi wie's Büsiwetter, ünse Bammert! Denn chuum, aß men en im Rebberg obe g'hört het chlöpfe oder hürne, isch er au scho wieder im Tal unte hinterem e Chirsibaum uf der Luur g'stande, und dene Wyler Feldfrevler isch ihr Handwerch e schwere Biez worde. Ellei der Usruef: „Der Jobbi chummt!" het ene scho Bei g'macht – und bsunders Schuelerbuebe, wo emel im Chrisistrich uf fremde Bäum umeg'chresmet sin, die hei Moris g'ha vorem wie vorem leibhaftige Fizzlibuzzli! Denn er het sie abeg'höklet in der Herd oder einzelwiis.

In spötere Johre het der Brueder Jobbi in sym schwere
Dienst no e g'lehrige, treue G'sell übercho, der „Doni", e
stämmig, schöne Schöferhund. De isch em all e guete Kamerad gsi und het em uf der Blick pariert. Gar ordeli het der
sy G'schäft as „Hilfsbammert" verstande, und er het die
Grumbire-Stehler und Trübli-Schneuger nummen eso uf
der Bode g'leit mit sine chräftige Tobe. Uf jede Fall het er
ünsere Schniiderzumpft „in Sache Hoseböde" e mängge
Batze z'verdiene gä. Sie Meister het der Hund aber au über
alli Maße gern g'ha, und wenn er öbben emol im „Schwane" sy Schöppli trunke het, so het der Wirt scho bim Willkumm der Bricht vernoh: „Mir e Vierteli und dem e Chlöpfer! Weisch, de het'n verdient, das ische e sufere Bürger."
Und der Doni isch sich mit der Lälle über's Muul gfahre
und het sym Meister gli zuem voruus scho schön 's Töbli
gä, denn er het alles verstande, was me vonem g'schwätzt
het. Sie hei guet z'semme pat die zwöi, der Bammert und
der Hund, und sie sin's wert, aß men e's Adenke wahrt.

's Ledermännli vo Mülle

's isch emol e chlei Männli gsi, e Schuehmacher vo Profission, und das het emel z'Mülle si Leder igchauft, und het
men em derwege numme's Ledermännli gsait. Das Ledermännli isch denn au emol spot z'Nacht vo Mülle mit sim
Rölleli Leder uf der Achsle heimzue gstöcklet, und wiil's in
der „Post" no ne guet Schöppli trunke gha het, sen isch es
em recht liicht und fröhli z'Muet worde, so aß es us de
höchste Töne gsunge het, wiene Disteli. Aber, wie's an
Chrüzweg chunnt, se schlat's grad zwölfi vom Müllemer
Chilchetrum, und 's Ledermännli isch eismols müseli still
worde, denn gheb an der Stroß stoht hinterem en alte Nußbaum e sunderbari Gstalt! Es isch e Ma ineme grüene Jägerrock und eme grüene Hüetli mitere große Sichlefeder druf!

Der hochgstülpt Rockchrage verdeckt em schier 's ganz Gsicht, und e schwarzi Horsträhne lampt em flotterig über d'Stirne! 's Ledermännli bschaut en e Rung, no aber faßt's e früsche Muet und denkt: „Er wird mi nit fresse!" Und lauft nebe dem Nußbaum dure und sait zue dem grüne Ma: „Hättst du Guts getan, müßtest du nit dort stahn!" Der aber verstoht si nit uf e wohlglunt Schuehmachergspäßli, gumpt mit eim Satz hintevüre, packt mi Ledermännli am Chrage und würgt's am Gürgeli, aß es der Himmel für e Baßgiige aluegt. – Am andere Morge hän Müllemer Lüt unser Ledermännli elend verschunde imene Grabe gfunde, und si Leder isch in Fetze verzotteret uf em Stroßebord umegfahre. Wer selbe grüen Jäger aber gsi isch, het me bis hüte no nit usebrocht. 's Ledermännli aber het gstief und fest behauptet, es seig der Fizzlibuzzli selber gsi.

Vom Gspengst uf em Chilchhof

's Karline, im Dorfschniider si Frau, isch au emol ganz spot z'nacht vo Mülle heimzue gwuselet. E schwere Chratte am Arm und en alte Regeschirm in der Hand, isch sie z'mol am Gottsacker verbeicho und het sich afange förche und denkt: „I will fest uf die anderi Site luege, aß i kei so grüseligi Angst ha!" Aber wie uf eimol das alt Gottsackertürli afangt z'gahre, se mueß si halt eineweg e halb Aug dra woge und linzt e bizzeli dure! Aber – herrjegerli, nei! chunnt do ganz gmüetlig e schloosewiß Gspengst usez'düsele und het nit emol e Chopf! 's Karline loßt e förchtige Brüel ab und galöpperet, was gisch, was hesch sim Heimetdorf zue! – und hinterem dri wacklet ganz weidli 's wiß Chilchhofgspengst wie si Schatte! Endli – meh Liich as Mensch – isch das arm Gschöpf vonere Schniidersfrau zue der Hustüren inegschwankt! Dine in der Stuben aber isch der Schniider seelevergnüegt uf em Tisch gsesse und het am Burgimeister sim Sunntigtschobe umegstichlet und derzue sell Liedli pfiffe vo de „nünenünzig lustige Schniider".

Ohni bsundere Rüehrig het er druf de gruselig Gspengsterbricht vo sinere Karline ergegegno und nume in si Bart glacht. Wo aber si vergelsteret Wiibli nüme ufhöre will mit Jomere und Süfzge, sait der Schniider ganz troche: „Jetz loß mi emol ungheit mit dine Historie, i glaubs jo gern, aß dir e Chilchhofgspengst nogfirext isch!" und macht d'Chammeretüren uf - „'s wiß Liintuech, im Gspengst si ‚Wandelchleid', lit no ganz zsemmegrumpflet über der Stuehllehne! Hähähä!"

„Jä, wär das mügli? Du, du, du hesch selber 's Gspengst markiert und mi schier in der Tod gjagt! Schier der Bode ab bini vor Angst! Und du lachsch no derzue? O, Schniider! Nume Narreposse hesch in dim Chopf! Aber eimol lauft jede Chübel über! Jetz hani gnueg vo dir! Kei Wörtli schwätzi meh mit dr und z'Mittag esse chasch vo jetz ab in der „Blueme", i choch dr nüt meh! Und der Fadeschlag chasch au selber usem Plunder ziehe, ich hilf der nümi! Us isch und fetig mit uns!" Und ghült het das arm, unglücklig Wiibli wie ne Bütschelichind! Der Schniider aber goht use und rüeft im Husgang zruck: „No gangi mi halt go verschieße!" Im Karline si Wuet aber isch z'groß, aß es chönnti dene Worte Glaube schenke, und es git em use: „Jo, mach du das! Gib aber au achtig, aß der Schutz nit dernebe goht! S'wär schad drum!" und es denkt derbi, de mein 's jo doch nit ernst. Aber chuum isch der Schniider dus, so chracht au scho der Schutz usem Grasgarte! 's Karline fahrt uf, wie vonere Schlage bisse und isch au scho am Unglücksplatz. Do lit de arm Kerli uf'm Gsicht im grüene Gras, der Brummer nebedra, und rüehrt si kei bizzeli meh! 's Karline aber chneut vorem und hült und chlagt: „Helfet, helfet, mi Friider, mi guete, brave Ma, mi alles uf der Welt! Er isch tot! Ich bi schuld an sim Unglück! O wenni numme au nümi lebe tät! So het mi Lebe jo au kei Wert meh! O, je, o, jeh! Friider, was hesch du mir z'leid to! Lueg mi numme au no einmol a! Mi Friider! O jeh, o jeh!"

Und wie's eso grüsli lamentiere tuet und sini ufrichtige Träne uf em Friider si Chopf abetröpfle, goht eismols e Ruck dur de Liichnam, und eis, zwei, drei, stoht er wiider uf de Beine und juchzget: „Juhe! Jetz hani au emol gseh, wie mi Wiibli hüle tät, wenn i emol gstorbe wär! De hesch's guet gmacht, Chind, chumm jetz muesch au e Schmützli derfür ha! Und jetz simmer wiider zfriide mitenander!"

So isch die grusigi Gspengstergschicht doch no lustig usgange. Wenn aber 's Karline spöter emol mit sim Friider e Dischkurs gha het, so het er em nume bruuche e Finger mache: „Mueß i dir wiider gspengsterle?"

's gheim Rüschli

's het imene bekannte Markgröfler Rebort e Dorfschniider mit siner Frau g'lebt, g'schniideret und dernebe no ne bizzeli bürlet, denn si G'schäft het em nit eso viel abgwofe, aß es „ohni" tue het! E chlei Hüsli, zwei Äckerli, e Mattestückli, zwei Geiße, e Säuli und e Möckeli Rebe in der Halde obe, das isch si Hab und Guet gsi, aber wemme, wie unseri Schniiderslüt, derbi gsund und z'frieden isch, bruucht me jo nit meh zuem Glück!

Und grad 's Rebstückli, das isch im Schniider si größte Stolz gsi, und er het im Herbscht meh Arbet und Ifer dermit gha aß e mengge Großbur mit zehmol so viel!

Er het au der Herbscht gwüßt z'fiere wie kei zweite, aber denke jo nit, aß der Schniider öbe in „Ochse" oder in d',,Chrone" gange sig, go ne mol e zümftige Sarewackel z'lade! O nei! Es het nieme je de Ma immene Chläbberli gseh am Gartehag nosürmle! Und eineweg het au er, wie no viel Herbschtbure, jedes Johr eimol si „Ziechli" gha – aber heimlig! – und das het 'r nonem ganz eigene Rezept fetig brocht!

Wenn er nämlig sini Trübli trottet gha het und sini zwei Fäßli eso schön süferli im Cheller nebenenand g'lege sin, het dr Schniider e ganz großi Steiguet-Chruse voll Neue gmacht, isch dermit ufe in si Schlofchammere, het sich ufs Bett g'leit, d'Wychruse dernebeg'stellt und allbot wieder e chräftige Schluck drus gno, bis er z'letscht ganz müed worden isch und d'Wänd afange hän z'wackle! Derno het'r d'Auge zuedruckt und isch friedlig ins Traumland überegondlet.

Kei Mensch und kei Seel het öbis vo dem Rüschli derno erfahre, und wenn öben e Chunde cho isch, go wölle d'Sunntighose aprobiere oder e Tschope flicke z'lo, so het si Frau nume gsait: „Sind so guet und chömmet morn am achti. Der Meister isch hüt der ganz Dag verreist." Und das isch gwüß nit gloge gsi, denn er isch wit verreist gsi, der Schniiderjobbi, wit furt ins Rebe- und Trübelland!

Der Bire-Dieb

's isch emol in alte Zite ineme Markgräfler Dorf e brave Pfarrer gsi. Ordelig und guetherzig, fründli und durane im ganze Dorf beliebt. Drum het er's au gar nit chönne begriffe, aß er im Dorf e Find chönnti ha, won em im Herbst allewiil an sini saftige Pastore-Bire im Pfarrgärtli goht. Und doch isch das regelmäßig vorcho.

Sobald halt die Bire einigermaße zitig worde sin, hän si vo Dag zue Dag im Quantum abgno, und doch het me nie e Spur vo dem Dieb gfunde. Do het sich denn eisdags der Heer an si Chilchediener gwendet und hetn bittet, er möchti doch emol z'Nacht im Garte uf d'Luur liege und dem Dieb abpasse. „Guet, Herr Pfarrer!" het der Chilchediener gsait, „i will scho zünftig wache, und wenni der Dieb verwütscht ha, so packi en glii und bringen Euch ufe ins Studierzimmer. Er chönnen Euch uf mi herzhaft verlo! I bsorg die Sache gründlig."

Und trotzdem der Chilchediener si Amt gründlig verwaltet het, so isch de Dieb halt nit verwütscht worde, und d'Bire sin vo Dag zue Dag weniger worde.

Wie z'letzt nume no ne paar an de oberste Nästli guglet hen, isch's im Herr Pfarrer efange doch z'dumm worde, und er het si, ohni im Chilchediener öbis dervo z'brichte, höchst selber in tiefer Mitternacht in Garte gschliche, go im Diener helfe Bire hüete. Wiener aber am Gartehüsli acho isch, se hört er e ganz unheimlig Giigse, wie vo Leitereseigel. Er luet gleitig uf und stuunt und stuunt als in d'Höchi zue sim Birebaum. He, aber au nei, was isch jetz das nit! E großi langi Leitere stoht am Stamm aglehnt, und obe uf de letzte Seigel hockt e Männli und günnt ganz veriiferet die letzte Birli in e Chrättli. Der Herr Pfarrer düselet e paar Schritt nöcher zuem Baum und rüeft ufe: „He, Mann dört obe, git's guet us?" Der Biregünner aber schnellt, wie vonere Wespe gstoche, ume und keit schier no ab der Leitere vor luter Schrecke. Do chunnt eismols der Mond hinterem Wülchli vüre und schiint dem Biredieb mild und fründli grad ins vergelsteret Gsicht. Der Herr Pfarrer aber stoht wie versteineret unter sinem Baum, und s'duurt e ganzi Rung, bis er endli d'Sproch wieder findet: „Was? Ihr sind's! Mi eigene Chilchediener! Isch das die ganzi Wach? Jetz chanis begriffe, daß Ihr de Schelm nie verwütscht hen. Chömmet jetzt numme einstwiile emol abe mit Euerem Chrättli; s'ander wird sich spöter finde!"

Wie's derno usgange isch, chönnet er euch selber zsemmeriime; aber wohrschiinlich het em der Herr Pfarrer doch no alles verzeiht, denn er isch hat gar e sone Guete gsi.

Der Fürsorg

Wenn der Markgröfler Burema bim Erne oder bi der Metzgete oder gar bim Schnapse gmeint het, es heig dasmol guet usge, so aß etlichi Würscht und Specksite, e dickbüchigi Guttere voll Chirsiwasser und e Sack voll fiinstem Simmelmehl uf e Früehlig use no übrig bliibe chönnti, se het er zuenem selber gsait: „Das isch jetz für der Fürsorg!" und het dermit gmeint, sell sig e Not-Mümpfeli für schlechti Zite, chranki Täg oder sust en Unterhäsplig.

So het au der Rebhalde-Matthis emol sy Speck- und Schnapschämmerli g'sondiert und sim Mei-Bäbeli dütli hexefrisiert, was alles für „der Fürsorg" ufgspart bliibe müeßti. Es het aber derzue numme gigelet, denn es isch vo Natur us en erzdödelig Tschumpeli gsi, en eifältigs, und het's jo gar nit kapiert, was der Matthis überhaupt mit em „Fürsorg" gmeint het.

Churz und guet, ame schöne Morge isch der Matthis mit em Chohli ins Grüenfuetter gfahre, und 's Mei-Bäbeli het solle 's Huus hüete und derneben z'Mittag choche. Uf eimol pöpperlet's dusse an d'Huustür, und e verlotzte Mensch mit eme dreckige Bündeli anere Zuckerschnuer het en alte Filzhuet in de Hände umedreiht und bettlet: „En arme, reisende Handwerksburscht bittet die gueti Frau um e chlei Göbli oder e Ränkeli Brot!" Und 's Mei-Bäbeli het Bidurnis gha und het en au gli in d'Chuchi inegno. Er isch nit grad leid gsi und het mit treuherzigen Auge in d'Welt glueget, und wenn er um's Chini ume e bizzeli besser balbiert gsi wär, so hätti er no en ordeligi Luegi gmacht. Das dödelig Mei-Bäbeli aber het en au eso für nett gfunde, und bal isch e währschaft z'Nüni mit guetbachenem Burebrot, durchwachsenem Rauchspeck und eme Chrüsli godlige Rebewii vorem ufpostiert gsi – und es het em no obedri „E Guete!" gwunsche. Und de het er au gha.

Er isch au ganz grüehrt gsi vo so viel Markgröfler Gastfründschaft, und verzelle het er chönne wie en Aflikat: vo sine Weltfahrte in d'Schwyzerberg mit dem ebige Schnee und ins Holländisch, wo d'Tulipa und d'Ziebele wachse wie bi is d'Grumbire, eso hufewiis, derno vo Italie, wo die noble Lüt am Meerufer mit de Parasöleli umespaziere und für Basseldank nüt aß Gondeli fahre, und vo seltene Blueme, Vögel und Mensche het er au no z'brichte gwüßt. 's Mei-Bäbeli het numme müeße stuune und isch mit offenem Muul, sy Prägelpfanne in de Hände, wie ne Mürli am Fürherd gstande. „He-aber-au-nei! 's isch nit mügli! e, e, e, e! Was Ihr nit alles sage!" Und au sini Zuekumpftplän het em der Handwerksburscht offeherzig verrote: aß er jetz möchti ins Wiesetal hintere beinere, go Arbet neh aß Zimmerma, und jo... aß er halt verfluecht wenig Geld im Sack heig und sotti doch e sufere Chüttel ha zuem Afange, nit? Und's Fuetterräschi sig em notno au usgange bis uf e sone zech-murb Wasserweckli, wo nem z'Friiburg unte e sone dicki Beckene fründligerwiis no zuegsteckt heig. Und es sig halt nit zuem Lebe und zuem Sterbe, was me uf der Walz verdiene chönnti un eso... Aber sy langi Schweizi het nüt viel battet, denn 's Mei-Bäbeli het selber afange mit Jomere: „'s isch halt e Champf uf dere Welt ums tägli Brot; jo, jo, sell isch wohr! Mir, de Matthis und ich, müen au chaibe-mäßig schinde mit unserer Burerei, aß es is au länge tuet's Johr dure. Mer hän zwor no siebe feißi Leberwürscht und anderthalb Site Speck im Chemi hange, und au no ne großi Strauhguttere voll Druese im Chämmerli-Chaschte. Und im Bettstrauh het der Matthis no ne Salbi-Lädli voll Goldfüchsli. Wissener, mer hän der letzt Spötlig unser Muneli verchaufe chönne und e ganze Wurf Sugsäuli vo der beste Mohr. Und der Chirsimärt isch au nit grad liederig gsi. Aber jo, bi Lib und Lebe, dodervo dörfe mir nüt abruuche. Das isch alles für der Fürsorg, het der Matthis gsait!" Und 's Mei-Bäbeli het e Lätsch derzue anedruckt, die wohri Barmherzigkeit selber.

Do isch aber der Handwerksburscht vo sim Hockerli ufgschnellt und het e Gump gmacht wie ne Geißbock: „Was, der Fürsorg? He, de bini jo selber! Ich heiß Hans Fürsorg! E sone Zuefallspiel, e sone Glück! Wär's mügli, Euere Matthis und ich wäre no alti Chriegskamerade vo anno siebezig? Nei, isch das jetz aber emol lieb vo mim alte Fründ, aß er au no an mi denkt und eso huuslig e Sach für mi z'semmegspart het." Und der Handwerksburscht het müesse vor luter Freud ins tüpflet Prisenastuech schnütze. Im Mei-Bäbeli aber het de unerwartet Freudeusbruch ganz d'Red verschlage, und erscht no neme Rüngli isch's em cho: „E sone Ehr! He-aber-au-nei! Endli isch der Fürsorg zuenis cho! Wie wird de Matthis e Freud ha, wenn er heimchunnt!" Aber der Handwerksburscht het gmeint, eso lang chönnti er leider nümmi warte, es tüeg en nämli no e Fründ an der Haagemer Wiesebruck abpasse, eso ame halber zwölfi ume. Und drum het sich denn au's Mei-Bäbeli grüseli gschickt und het die viele guete Sache: Würst, Speck, Schnaps, Bohnöpfel, Nuß und alles zemme in e großmächtig Grastuech ibunde und het's im Handwerksburscht no selber an sy Wanderstecke ghängt. Der Fürsorg aber het druf im Mei-Bäbeli chräftig d'Hand gschüttlet wie ne guete Fründ und isch mit eme herzlige „Vergelt's Gott!" und viele schöne Grüeß an der Matthis abtschäppt. E paar Schritt vom Huus eweg aber isch em's Mei-Bäbeli nogfüeßlet: „Fürsorg, Fürsorg! Do, Euer Lädli mit de Goldfüchsli! Denn schier und gar wär's Wichtigst no vergesse bliibe!"

Usgchlürlet fümf Minute spöter isch au der Matthis mit em hochufgladene Chleewage zuem Hof inekutschiert, und 's Mei-Bäbeli isch em in heller Freud ergegegstürmt: „Matthis, was meinsch, der Fürsorg isch do gsi und loßt di fründli grüeße und wünscht dir alles Guet und Gsundheit und e lang Lebe. Endli het er doch emol de Weg zuenis gfunde und die Vorrät abgholt, wo mir scho lang für en z'semmegspart hän . . .".

Wörterverzeichnis

A

abehökle = herunterziehen
abgwercht = abgearbeitet, verbraucht
abpasse = erwarten, zu erwischen versuchen
abtschäppe = losmarschieren
äne = jenseits
Aflikat = Advokat
allbot = immer wieder
allergattig = verschiedenartig
alltag = Tag für Tag
allzit = immer

B

Ba = Bann, Gemarkung
bägge = hacken
balbiere = rasieren
Bammert = Flurschütz
Basler Leckerli = Basler Lebkuchen
Bassletang = Zeitvertreib (franz.)
batte = erbringen
Beckene = Bäckersfrau
öbberem Bei mache = zur Eile antreiben
bheb = dicht
beinere = tüchtig marschieren
Bidurnis = Mitleid
Biet = Gebiet, Landschaft
Biez = schwere Arbeit
binis = bei uns
e bizzeli = ein wenig
bös am Hag = in der Patsche
breiche = erreichen
e Brüel ablo = einen Schrei ausstoßen
brüschele = plätschern
Brütschiwägeli = kleiner Wagen mit ebener Ladefläche
bschaue = betrachten, besichtigen
bschuele = belehren
Bündi (Bündeli) = offenes Gartengelände in Dorfnähe
bürle = eine Landwirtschaft betreiben
Büsi-Weter = Sturmwind (Nordwind)
Bütschelichind = Wickelkind
bumbe = donnern

C

Chabis = Unsinn
Chachle = Büchse
Chäreli = kleiner Wagen
chäsperle = Kaspertheater spielen
chaibe (Adj./Adv.) = sehr, arg
chaibemäßig = übermäßig
Chaibe-Trug = Hinterhältigkeit
chample = kämpfen
Charrewerch = Wagen verschiedener Art
Chemi = Kamin
chessle = röhren (starkes Geräusch)
Chib = Streit
Chilche = Kirche
Chläbberli = Rausch
chlöpfe = schießen
Chlöpfer = Knackwurst
Choli = Rappe
Chratte = runder Korb mit Doppelhenkel zur Obsternte
chresme = krabbeln, hinaufklettern
Chrüsli = Weinkrug

D

derno = dann
Disteli = Distelfink
Dreiher = Dreher

Druese = Weinhefe-Schnaps
Duge = Faßdaube
dunndersnett = besonders nett
durane = durch und durch, völlig

E

echt = (hervorhebendes) denn,
　wirklich, tatsächlich
eineweg = dennoch
ergattere = erwischen, erlangen
erzdödelig = ungeschickt

F

feiß = fett
e Finger mache = drohen
Fizzlipuzli = Teufel
Flänke = Lappen, hängende Fetzen
fuchse = ärgern
füeßle = rennen, laufen
Fuetteräschi = Verpflegung (frz.)

G

gaggere = stottern
gahre = knarren
galöppere = schnell rennen
Gattig = Art
gattig (Adj.) = ordentlich, stattlich
Gaudi mache = Späße machen
giggele = spähen
giigse = quietschen
was gisch, was hesch =
　so schnell als möglich
gleitig = rasch
Gitzi = junge Ziege
Gitzschnäpperi = Geiziger
an (Obst) goh = (Obst) stibitzen
es goht em nüt ab = es fehlt ihm
　an nichts
Gottwilche = Willkommen

Grättimann = Gebäck
　in Menschenform
grüseli = sehr
Grumbire = Kartoffeln
Gschirr = Geschirr der Zugtiere
Gschleck = Kleinigkeit
Güggeli = Hähnchen
günne = Obst ernten
gugle = schaukeln
Gump = Sprung, Satz
gumpe = hüpfen, springen
Guttere = bauchige Glasflasche,
　Korbflasche

H

in d'Häre gloffe = in die Quere
　kommen
si hei = sie haben
Helge = Gemälde, Bild
in der Herd = gemeinschaftlich,
　in der Gruppe
herrjegerli = Ausruf
　des Erschreckens
hexefrisiere = Bibeltexte auslegen
Hippli = Horn zum Blasen
Hose plätze = Flicken aufsetzen
Hosespannis = Tracht Prügel
hürne = ins Horn blasen
Hurscht = Busch
huse = haushalten
huselig = fleißig, haushälterisch

I

Immli = Biene

K

keie = hinfallen, stürzen
koldere = zornig lärmen
Kummissione = Besorgungen (fr.)

L

Lälle = Zunge
e Lätsch anedrucke = beleidigte Miene aufsetzen
lampe = unordentlich herabhängen
Langwid = Verbindungsstange zwischen Vorder- und Hinterteil am Bauernwagen
Larifari-Kummedi = unsinnige Spielerei
letz = verkehrt, falsch, schlecht
linze = spähen
Löffel = hier: Ohren
e Luegi mache = aussehen, dreinschauen
lustere = lauschen

M

mängg = manch
markiere = nachmachen, eine Gestalt spielen
Meili = Annemarie (Annemei)
Metzgete = gastliche Zusammenkunft anläßlich des Schlachtfestes
miseel = meiner Treu
Möckeli (Mocke) = Stückchen
Mösli = kleine Wunde, blauer Fleck
Mohr = Muttschwein
Moris ha = Furcht, Respekt haben
Munelix = junger Farren, Stier

N

näume = irgendwo
Nast (Nästli) = Ast
niede = unten
niene = nirgends
nofirexe = verfolgen
notno = allmählich
z'Nüni = Vormittagsvesper
Nüßli = Feldsalat

O

o = auch
obsi = nach oben, in die Höhe
öbber = jemand
Oser = Schulranzen

P

Parasöleli = Sonnenschirm (frz.)
Pläsier = Freude
Plunder = Kleider
pöpperle = anklopfen
Prägelpfanne = Bratpfanne
Profission = Beruf (frz.)

R

Ranke (Ränkli) = größeres Stück Brot, Rindenstück
Ridikül = Stickbeutel (frz.)
ringer = lieber, eher
rublig = uneben, rauh
e Rüngli = kurze Zeit
ruttle = wimmeln

S

Säbli-Lädli = Schachtel für Salben
Sarewackel = Rausch
Seigel = Sprosse der Leiter
selb/sell = jenes
selbander = miteinander
sellmol = damals
in Senkel stelle = zurechtweisen rügen
Simmelmehl = feines Weißmehl
sölli = sehr

mr sott = man sollte
Schlipf = Gewannname in Weil
Schmutz (Schmützli) = Kuß
Schnätzle = schnitzen
Schneuger = wählerischer Esser
Schnoge mache = Umstände machen; herausfordern
Schweizi = dummes Gerede, Geschwätz
Sprür = Spreu
Spötlig = Herbst
stöckle = im Trippelschritt gehen
z'Streich cho = zurechtkommen
subtil = vorsichtig (frz.)
sürmle = schwankend gehen
Sugsäuli = Ferkel

T

Tobe = Tatze, Handschläge (Schulstrafe)
Töbli = Pfote
trotte = keltern
Tschobe = Jacke
Tscholi = trotteliger Mensch
Tschüppeli = Bündel, Häuflein; unordentliches Weib
es tuets es ohni = es geht auch „ohne", ... so

U

übercho = erhalten, bekommen
umebengle = herumschlagen
umestichle = mit der Nadel hantieren
ungheit lo = in Ruhe lassen
unghoblet = grob
unkummod = unbequem; hier: unpassen (frz.)
Unterhäsplig = Unannehmlichkeiten
unter obsi = kunterbunt übereinander
urchig = ursprünglich, echt
usedüsele = hinausschleichen
usgchlürlet = ausgerechnet
usscheuge = leernaschen

V

vergelsteret = erschreckt
Vergunst = Mißgunst
verheie = zerschlagen
verheit = kaputt
verlotzt = verlumpt
verreble = langsam zugrunde gehen
verrumpflet = zerknittert
vertörle = sich kindlich verspielen: töricht vergeuden
vertrampe = zertreten
vertschliefe = entziehen
verwäsche = verhauen
verzottere = verstreuen, zerreißen

W

wadle = wedelnd laufen (von Tieren)
Wächter = Orts-, Gemeindediener
walze = wandern
weger = wahrlich
weidli = rasch
wiibe = freien
mr wott = man möchte

Z

Zeine = Korb mit Henkeln
Zibele = Zwiebeln
Zieche = Rausch
zitig = reif
zweg = richtig; gesund

Nachwort

Das Buch „Feldblueme" wäre nicht vollständig, wenn wir nicht all denen danken würden, die Anteil an der Entstehung desselben haben. Gute Vorarbeit leistete Herr Dr. Emil Müller, Ettikon, der aus dem vorhandenen schriftlichen Nachlaß der Verstorbenen eine gut gelungene Auslese getroffen hat. Ebenso danken wir Herrn Dr. Rüdiger Hoffmann, Schliengen, für die endgültige Ausarbeitung. Auch bedanken wir uns gerne bei den Eheleuten Ernst und Friederike Hofer sowie ihrem Sohn Thomas, der Frau Gertrud Bastian sowie der Familie Ernst Reinau. Sie alle haben der Verstorbenen in Haltingen über lange Zeit freundschaftlichen Beistand geleistet.

Nach dem Tod von Helene Zapf-Beydeck im Jahre 1977 – sie starb in ärmlichen Verhältnissen – bildete sich ein Freundeskreis unter Leitung von Eugen Katzenstein, Haltingen, und Frau Paula Röttele, Weil am Rhein. Freundschaftlich verbunden waren unserer Verstorbenen Frau Emilie Clauss, Weil am Rhein, Herr Alban Spitz, Minseln, die Eheleute Günter Hett, Lörrach, und auch die Familie Ernst Brugger, Freiburg, um nur einige genannt zu haben. Auch der verstorbene und weit über die Grenzen seiner Heimat hinaus bekannte Maler Adolf Glattacker zählte zu ihren Gönnern.

Durch die vielen Geldspenden, für die wir an dieser Stelle noch herzlich danken, war es möglich, zwischen Heimatmuseum und evangelischer Kirche in Alt-Weil einen Gedenkstein zu errichten und das Grab auf dem Haltinger Friedhof mit einer Grabplatte zu versehen.

Dank möchten wir all denen sagen, die durch ihre finanzielle Hilfe das Erscheinen des Buches „Feldblueme" ermöglichten.

Daß das Buch „Feldblueme" gut angenommen werden möge, wünscht

Der Freundeskreis Helene Zapf-Beydeck
Im März 1985   *Eugen Katzenstein   Paula Röttele-Stoll*

Inhaltsverzeichnis	Seite
Vorwort	3

Erinnerungen von und an Helene Zapf-Beydeck

Vom Kasper-Theater	5
Aus der Altweiler Chronik	7
Kriegs-Jugenderinnerungen	11
Im Schwanegäßli	16
's Hebelstübli	17
Helene Zapf zum 60. Geburtstag	18

Alemannische Gedichte

Heimat-Sang	20
Markgräflerland	21
An Johann Peter Hebel	22
Wem gehört Johann Peter Hebel?	23
An Paul Sättele	25
Dem Hebelmaler Adolf Glattacker	26
Glückwunsch für Hermann Burte	27
Lebensbetrachtung	28
My Weg	28
My Gsellschaft	29
Lied zum Muttertag	30
Goldene Hochzeit	31
Vogellied am Morgen	32
Der Schandfleck	33
Ein alemannisches Passionslied	34
Kriegserinnerungen (anno 1940)	35
D'Markgräfler Uswanderig (anno 1944)	36
Willkommensgruß an die Heimkehrer des Dorfes Eimeldingen (anno 1950)	37
Unsere neue Stadt	39
Mi Heimetort	43
Alt-Weil	44
Der Wyler Bammert	45

Der Haltiger im Früehlig	47
Beim Fasnachtsfeuer	48
Die Markgräflertracht	49
Neuzitlich	50
Der Geißbock	51
Der Hoke	52

Hochdeutsche Gedichte
Der Dichter spricht	54
Die kleinen Freuden	55
Am Heiligen Abend	56
Ostern	57
Kreuzträger	57
Ode an Wyhlen	58

Geschichten aus der „Ahnentruhe"
Die Kaffee-Visite	62
Vom Hebelmaler Adolf Glattacker	62
Der Alt-Wyler Bammert Johann Jakob Brueder	63
's Ledermännli vo Mülle	65
Vom Gspengst uf em Chilchhof	66
's gheim Rüschli	68
Bire-Dieb	69
Der Fürsorg	70
Worterklärungen	74
Nachwort	78

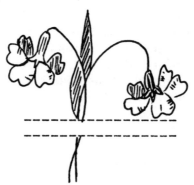